EL NIÑO ESPÍRITU

• SeaStar Books •

New York

EL NIÑO ESPÍRITU
una historia de la natividad

Traducción del azteca al inglés de
JOHN BIERHORST

Ilustraciones de BARBARA COONEY

Traducción al español de FRANCISCO GONZÁLEZ ARAMBURU

SeaStar Books
A division of North-South Books Inc.

Published in the United States by SeaStar Books,
a division of North-South Books Inc., New York.
Published simultaneously in Canada by North-South Books,
an imprint of Nord-Süd Verlag AG, Gossau Zürich, Switzerland.

Library of Congress Cataloging-in-Publication Data is available.
The artwork for this book was prepared by using gouache.
Designed by Jane Byers Bierhorst

ISBN 1-58717-089-2 (reinforced trade binding)
1 3 5 7 9 RT 10 8 6 4 2
ISBN 1-58717-090-6 (paperback binding)
1 3 5 7 9 PB 10 8 6 4 2

Printed in Hong Kong

Para obtener más información sobre nuestros libros,
y los autores e ilustradores que los crean, visite nuestra
página en www.northsouth.com

EL NIÑO ESPÍRITU

Durante cinco mil años, después del comienzo del mundo, el demonio fue rey. Era orgulloso y malo, y nadie en la tierra podía salvarnos de sus manos.

Muchos eran los que habían nacido fuertes e inteligentes, y habían llevado además una vida buena, pero no eran capaces ni de salvarse a sí mismos ni a ningún otro de las manos del demonio.

El demonio es astuto. Mientras vivimos en la tierra, nunca nos enseña las terribles cosas que nos hará después. Suelta las carcajadas, mientras cierra nuestros ojos y nos ciega. Luego, nos lleva con él al País de los Muertos.

En el País de los Muertos no hay nada más que hambre y peleas constantes, enfermedad y durísimo trabajo.

Pero el nombre de Jesús existía ya desde antes de que comenzase el mundo. Éste fue su nombre siempre, aun antes de que naciese. Cuando vino a la tierra, lo que hizo fue salvar a la gente de las garras del demonio. Y fue lo que hizo, precisamente, como su nombre lo decía, ya que la palabra Jesús significa salvador de la gente.

Oh espíritu, oh niño, tú eres la llama, tú eres la luz del padre todopoderoso. Oh niño, recuerda cómo naciste hace mucho tiempo.

Vivía un hombre llamado José, muy prudente y bueno de corazón. Fue él quien casó con la joven que habría de convertirse en madre del espíritu. Y sin embargo, aunque casada, siguió siendo una joven soltera. También José, aunque casado, siguió siendo un joven soltero. Jamás dejó de ser realmente un muchacho.

Después de que José y María quedaron unidos de esta manera milagrosa, el señor Dios les envió a su mensajero, el arcángel Gabriel. Bajó de los cielos hasta el país de Galilea y llegó a la ciudad de Nazareth.

Cuando encontró la casa donde vivía la joven, entró y se puso junto a ella para decirle estas santas palabras:

"Dios te salve María, llena eres de gracia, el Señor es contigo."

"Oh señora, bendita tú eres, eres grata a los ojos de Dios. Eres la más afortunada de todas las mujeres. Dios te ha preferido. Ha llenado tu alma con el poder de la vida y por esto serás alabada en todo el mundo."

Pero cuando María oyó estas palabras sintió turbación. No creía ser digna de la salutación del ángel, porque era muy tímida. Comenzó a reflexionar en lo que había oído, a pensar en el mensaje del arcángel. Luego dijo: "¿Por qué habría de hablarme alguien de esta manera? ¿Por qué habría de ser yo alabada?"

La cara del arcángel Gabriel se le acercó resplandeciendo, como cuando se levanta el sol y hace que todo brille. Sus alas destellaban, resplandecían. Eran más largas y más luminosamente verdes que las plumas del quetzal.

Entonces, el arcángel le dijo a la señora:

–Oh María, no temas. Grata tú eres a los ojos de Dios. ¡Escucha! Te voy a contar un gran misterio. Un niño crecerá en tu vientre. Concebirás. Y el niño se llamará Jesús. Este niño tuyo, este Jesús, será grande. Reinará en el reino de David y su reinado jamás concluirá.

Pero cuando la señora hubo oído al arcángel, dijo:

–¿Cómo podrá ser esto, puesto que no conozco hombre?

–El poder de Dios, el Espíritu Santo, llegará hasta ti –dijo el arcángel–. Y por eso nacerá un niño que será perfectamente bueno, y se le llamará el hijo de Dios.

–Heme aquí –dijo María–. Soy la sierva del Señor. Que se haga en mí como tú has dicho.

En ese momento, Dios nuestro Señor, Dios Hijo, se convirtió en humano dentro del vientre de María, la joven perfecta. Y en ese momento María se convirtió en la madre de Dios.

El arcángel se le apareció a José y le dijo:

–José, te contaré un misterio. María ha concebido por obra del Espíritu Santo. No temas. Quédate con ella. Dará a luz al salvador del mundo.

Entonces, José se convirtió en el guardián de María. La llevó con él adonde quiera que fue. La protegió y no se apartó de su lado. Vivieron juntos, comieron juntos.

Dios padre había elegido a José para guardián de su hijo, porque José tenía mejor corazón que otros hombres. De manera que José se convirtió en siervo del Señor, y fue el encargado de cuidar al hijo de Dios.

Por una orden del César, José tuvo que ir a Belén y
se llevó con él a María. Había llegado el tiempo en que
María tendría a su hijito.

¡Oh niño espíritu! Todos los hombres del mundo te
están esperando. Somos presos encadenados y tú puedes
liberarnos. Tú eres la luz y nosotros somos la oscuridad.
Ven pronto, cúmplenos tu promesa.

¡Oh santo rey de Jerusalén, oh príncipe sagrado, oh
noble niño, despierta! ¡Vive! Los cielos se regocijarán y la
tierra bailará de gusto.

Cuando María llegó a Belén terminaron los días de su embarazo y dio a luz a un niño, a su primogénito.

Al recién nacido lo envolvió en pañales y lo dejó en un pesebre, un lugar donde las vacas comen pasto seco.

Nuestro salvador sólo necesitó de un poco de hierba seca para su cuna, no se sintió mal de estar en el pesebre y su corazón se contentaba con un poquito de comida.

Era de noche cuando nació el Rey Jesús. No obstante, la joven María, con el niño en sus brazos, vio el sol en los cielos. Luego, se puso de rodillas y veneró a la criatura, porque aquél era el signo de que un gran rey había llegado a la tierra.

En el mundo entero se vieron muchos milagros cuando nació nuestro señor Jesucristo.

Cuando el sol del cielo, que es Jesús, apareció en aquella noche eran tres los soles. La gente estaba asombrada. Luego, de nuevo, los tres soles del cielo se hicieron uno solo.

Era la medianoche cuando nació el niño espíritu Jesús. Sin embargo, en todo el mundo se hizo de día.

Cuando nuestro señor Jesús nació, en Roma apareció

una fuente de aceite de oliva. Era la señal de que serían perdonadas todas las personas que veneraban ídolos y a dioses falsos.

Cuando nació nuestro rey Jesús, las vides florecieron milagrosamente en Jerusalén, en un lugar llamado Engedi. Era la señal de que serían destruidas las enseñanzas del demonio.

Cuando el noble niño Jesús, nuestro señor, llamado príncipe de la paz, llegó, hubo de pronto paz en el mundo.

Ahora bien, en las afueras de Belén había pastores
que cuidaban a sus ovejas durante la noche. El arcángel
Gabriel se les apareció, y desde los cielos bajó una gran luz.

Y el arcángel dijo:

—Oh amigos, he venido a deciros grandes palabras.
Hoy en Belén ha nacido un salvador. Su nombre es Jesús.
Id a Belén. Allí lo encontraréis, en la ciudad de David.
Aleluya, aleluya.

Entonces, aparecieron muchos ángeles cantando su misteriosa palabra de aleluya, alabando al niño que había nacido rey.

Decidnos, pastores, ¿lo visteis?

–Muy claramente lo vimos.

¿Cómo lo encontrasteis?

–Oímos a los ángeles cantar.

Los ángeles bajaron del cielo como pájaros. Sus voces eran campanillas. Sonaban como flautas. "Gloria a Dios en las alturas, aleluya."

Bajaron del cielo, cantando. "Paz en la tierra, aleluya."

Canciones-flores de dulce aroma volaban por todas partes y caían a la tierra como una lluvia dorada. "Esparzamos estas flores doradas, aleluya."

Las flores están cargadas de rocío, y el rocío está lleno de luz, por eso brillan como joyas en Belén. "Aleluya."

Flores en forma de corazón, campánulas como plumas, cúpulas rojas. Resplandecen con la luz del alba, brillan como el oro. "Aleluya."

Esmeraldas, perlas y cristales rojos están resplandeciendo. Están brillando. Amanece. "Aleluya."

Salpicado de joyas está Belén, caen joyas al suelo. "Aleluya."

Cuando Jesús nació en Belén, una estrella nueva apareció en el cielo. Se había dicho que una estrella nacería de Jacob y la gente la había estado esperando largo tiempo. El profeta había dicho, "Un hombre surgirá, nacerá de Israel. Un salvador nacerá en Judea. Entonces, nacerá una estrella nueva."

La gente estaba vigilando los cielos. Cuando vieron la estrella, avisaron a sus reyes. Y por eso vinieron tres reyes del Oriente. Guiados por la estrella, viajaron hacia Belén.

Llegaron trayendo mirra, incienso y oro.

   –¿Dónde está el que nació rey de los judíos?–preguntaron.

   Cuando llegaron a Jerusalén, preguntaron a la gente:

   –¿Dónde está el señor? ¿Dónde está el rey?

   Cuando Herodes, el monarca de Judea, oyó que había
llegado gente buscando a un rey nuevo, sintió celos.
Mandó llamar a los sumos sacerdotes de Jerusalén y les
preguntó:

   –¿Dónde está este rey, este Cristo que los hombres
han estado esperando?

   –En Belén –le dijeron–, que está en Judea.

Cuando Herodes oyó las nuevas, mandó llamar en secreto a los tres reyes y les interrogó muy cuidadosamente acerca de la estrella, preguntándoles dónde la habían visto primero.

Los tres reyes le contaron todo. Entonces, dijo Herodes:

—Id a Belén. Cuando hayáis encontrado al niño, volved y contadme todo. También yo lo quiero venerar.

Pero Herodes no estaba diciendo la verdad. Mañosamente les dijo a los tres reyes:

—Sí, de verdad, adoraré al rey verdadero que ha venido a la tierra. Iré a saludarlo y lo haré mi dios.

Pero lo único que quería era matar al niño Jesús.

Después de que los reyes
oyeron lo que Herodes les
quería decir, se fueron a Belén.

Y allí encontraron de nuevo
la estrella que habían visto
antes. Brillaba sobre ellos y los
llenaba de contento, porque
cuando habían llegado a
Jerusalén, las murallas de la
ciudad la habían ocultado.

Nuevamente, la estrella los
guió y los reyes la contemplaron
mientras seguían su viaje.
Cuando llegaron a Belén, la
estrella se detuvo sobre el
establo en que se encontraba
el niño.

Pues bien, entraron en la habitación. Y por eso los reyes que habían visto la estrella, que ya no se movieron, que ya no viajaron, vinieron y lo conocieron, porque allí estaba. Entraron en el establo y vieron al niño Jesús y a su santísima madre, la Virgen María.

Cayeron de rodillas y adoraron al niño. Estos grandes reyes se arrodillaron y lo adoraron, como creyentes. Reconocieron al niñito. Porque es el espíritu, es todopoderoso, es dueño de los cielos, es dueño de la tierra.

Abrieron sus cofres, sus arcas. Entonces, extendieron sus cosas ante el señor, ofrendaron cosas al niño. La

ofrenda que le hicieron fue de oro, mirra e incienso.

Pues bien, luego se quedaron unos días junto al niño y muchas fueron las maravillas que vieron. Luego, en sus sueños, se les ordenó que se fueran. Vieron en su sueño al niño espíritu. Lo soñaron y de esta manera los mandó a sus casas.

No regresaron a donde se encontraba Herodes, porque el niño espíritu sabía lo que quería hacer Herodes.

¡Oh malvado Herodes! ¿Crees que puedes burlarte del Todopoderoso? Aunque no es más que un niño, una criaturita, Jesús lo sabe todo, porque es Dios.

Su santidad y su misterio son exactamente lo mismo que la santidad y el misterio de Dios padre. Es Dios padre que se ha convertido en ser humano y ha venido para vivir entre nosotros.

Ha venido para ser nuestro salvador. Todos pueden salvarse. El demonio no tiene poder para atrapar a una sola persona y quitarla de las manos de Jesús.

Ahora, una paz celestial se ha extendido sobre la tierra. Ahora, en todas las partes del mundo, una hermosa lluvia, una lluvia maravillosa está cayendo. Una lluvia milagrosa ha caído sobre la tierra.

Ahora es el día de la salvación tan largamente esperado. Brilla sobre nosotros, alumbra nuestro camino.

Nota

La narración del niño espíritu era recitada por cantores aztecas que se acompañaban del tambor de piel vertical llamado *huéhuetl* y del tambor de tronco de doble tono llamado *teponaztli*. Escrito por Fray Bernardino de Sahagún, misionero que contó con la colaboración de poetas aztecas, combina relatos bíblicos, leyendas medievales y el saber tradicional azteca. Evidentemente, los materiales fundamentales provienen de los evangelios de Mateo y de Lucas. Varios detalles, como la descripción del demonio y la mención de los milagros que se produjeron en la noche del nacimiento de Cristo, parecen haber sido sacados del folklore europeo. Sin embargo, el modo como se desenvuelve el relato, con sus párrafos cortos, su diálogo, la manera de dirigirse directamente a los personajes principales, pertenece claramente a la tradición azteca. Varios pasajes, como el de la canción del arcángel a los pastores, usan inclusive figuras de dicción azteca. La narración se conserva en la *Psalmodia Christiana* (México, 1583), de Sahagún, libro escrito totalmente en lengua azteca, que es además uno de los primeros libros publicados en el Nuevo Mundo. La traducción al inglés, la primera que se haya hecho en cualquier lengua moderna, se hizo sobre un microfilme de la *Psalmodia*, tomado de un ejemplar del libro mismo que se encuentra en la biblioteca John Carter Brown de la Universidad de Brown. Los números de foliación de los pasajes con que se hizo esta versión son 16v-17v, 18v-23v, 48v-49v, 51v-57v, y 230v-236.